AF206737

Impressum
Verlag: BABADADA GmbH, Nedderfeld 112 , 22529 Hamburg
Geschäftsführer / Verlagsleitung: Harald Hof
Druck: Books on Demand GmbH, In de Tarpen 42, 22848 Norderstedt

Imprint
Publisher: BABADADA GmbH, Nedderfeld 112 , 22529 Hamburg, Germany
Managing Director / Publishing direction: Harald Hof
Print: Books on Demand GmbH, In de Tarpen 42, 22848 Norderstedt, Germany

школа

de school

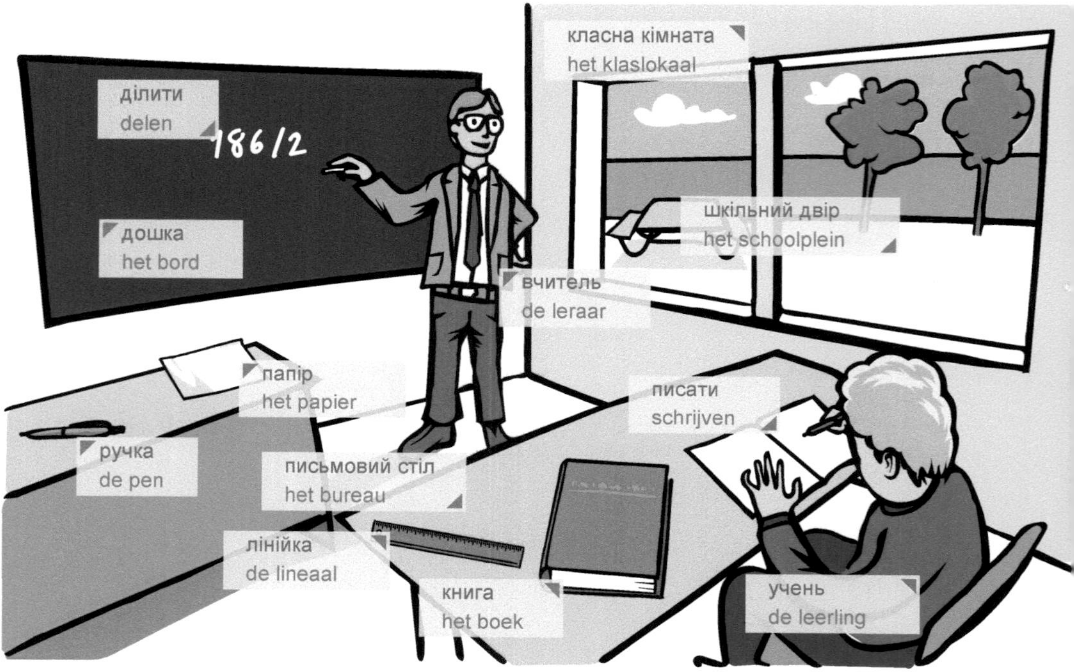

класна кімната
het klaslokaal
ділити
delen
186/2
дошка
het bord
шкільний двір
het schoolplein
вчитель
de leraar
папір
het papier
писати
schrijven
ручка
de pen
письмовий стіл
het bureau
лінійка
de lineaal
книга
het boek
учень
de leerling

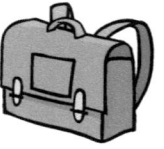

ранець

de schooltas

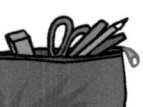

пенал

de etui

олівець

het potlood

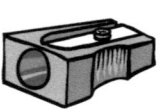

точило

de puntenslijper

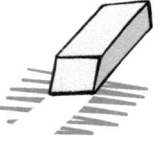

гумка

de gum

альбом для малювання

het schetsblok

малюнок

de tekening

пензель

het penseel

коробка фарб

de verfdoos

ножиці

de schaar

клей

de lijm

зошит

het schrift

домашнє завдання

het huiswerk

число

het getal

додавати

optellen

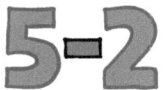

віднімати

aftrekken

множити

vermenigvuldigen

рахувати

rekenen

літера

de letter

абетка

het alfabet

слово

het woord

текст
de tekst

читати
lezen

крейда
het krijt

година
de les

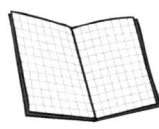

класний журнал
het klassenboek

екзамен
het examen

диплом
het diploma

шкільна форма
het schooluniform

освіта
de opleiding

лексикон
de encyclopedie

університет
de universiteit

мікроскоп
de microscoop

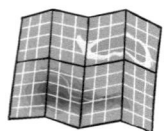

карта
de kaart

кошик для паперу
de prullenmand

подорож
de reis

готель
het hotel
Grand
турбаза
het hostel
ROOMS
EXCHANGE
обмінний пункт
het wisselkantoor
валіза
de koffer
автомобіль
de auto

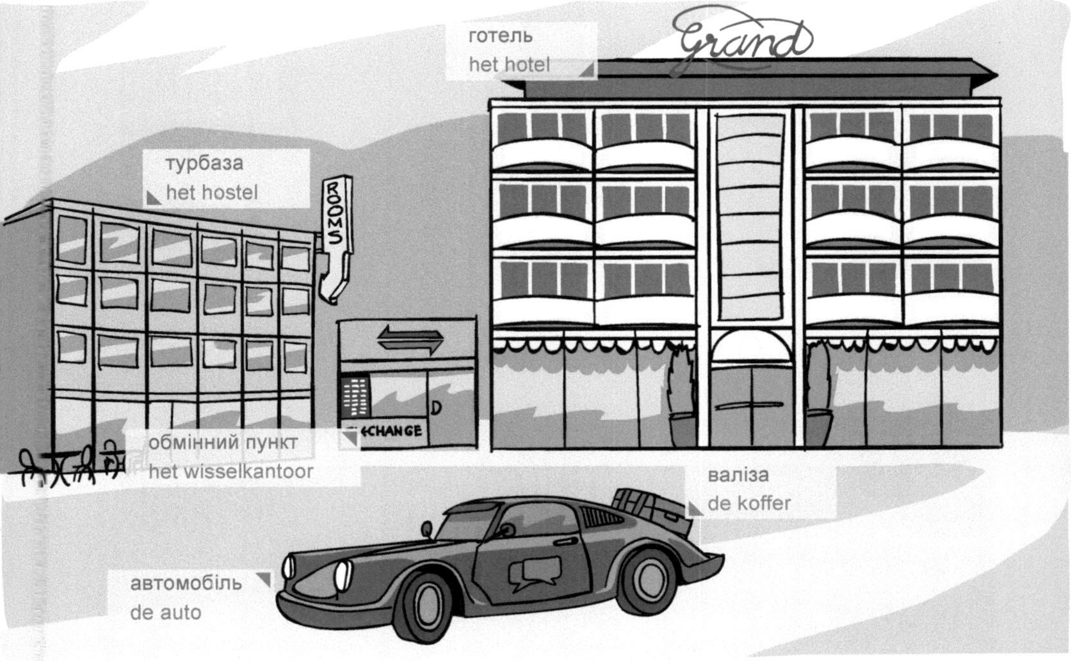

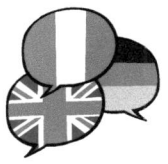

мова

de taal

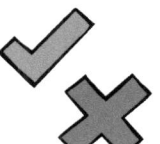

так / ні

ja / nee

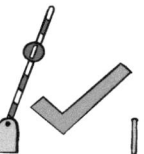

добре

oké

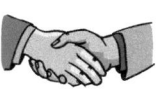

привіт

Hallo!

перекладач

de tolk

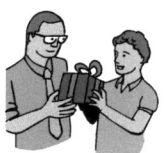

дякую

Bedankt.

Скільки коштує ...?

Wat kost ...?

Я не розумію

Ik begrijp het niet.

проблема

het probleem

Добрий вечір!

Goedenavond!

Доброго ранку!

Goedemorgen!

На добраніч!

Goedenacht!

До побачення

Tot ziens!

напрямок

de richting

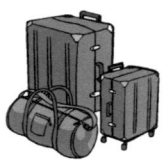

багаж

de bagage

сумка

de tas

рюкзак

de rugzak

гість

de gast

кімната

de kamer

спальний мішок

de slaapzak

намет

de tent

туристична інформація

het VVV-kantoor

пляж

het strand

кредитна картка

de creditkaart

сніданок

het ontbijt

обід

de lunch

вечеря

het diner

квиток

het kaartje

ліфт

de lift

поштова марка

de postzegel

межа

de grens

митниця

de douane

посольство

de ambassade

віза

het visum

паспорт

het paspoort

транспорт
het transport

корабель
het schip

літак
het vliegtuig

пожежна машина
de brandweerwagen

автобус
de bus

вантажний автомобіль
de vrachtauto

моторний човен
de motorboot

велосипед
de fiets

автомобіль
de auto

пором

de veerboot

човен

de boot

мотоцикл

de motorfiets

поліцейська машина

de politiewagen

гоночний автомобіль

de raceauto

автомобіль на прокат

de huurauto

8

транспорт - het transport

спільне користування авто

de carsharing

евакуатор

de takelwagen

сміттєвоз

de vuilniswagen

двигун

de motor

паливо

de benzine

автозаправна станція

de benzinepomp

дорожній знак

het verkeersbord

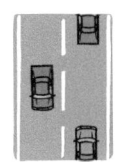

рух

het verkeer

затор

de file

стоянка

de parkeerplaats

вокзал

het station

рейки

de rails

потяг

de trein

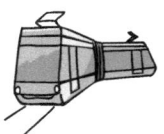

трамвай

de tram

вагон

de wagon

гелікоптер

de helikopter

аеропорт

de luchthaven

вежа

de toren

пасажир

de passagier

контейнер

de container

коробка

de verhuisdoos

візок

de kar

кошик

de mand

стартувати / приземлятися

opstijgen / landen

місто

de stad

село

het dorp

центр міста

het stadscentrum

дім

het huis

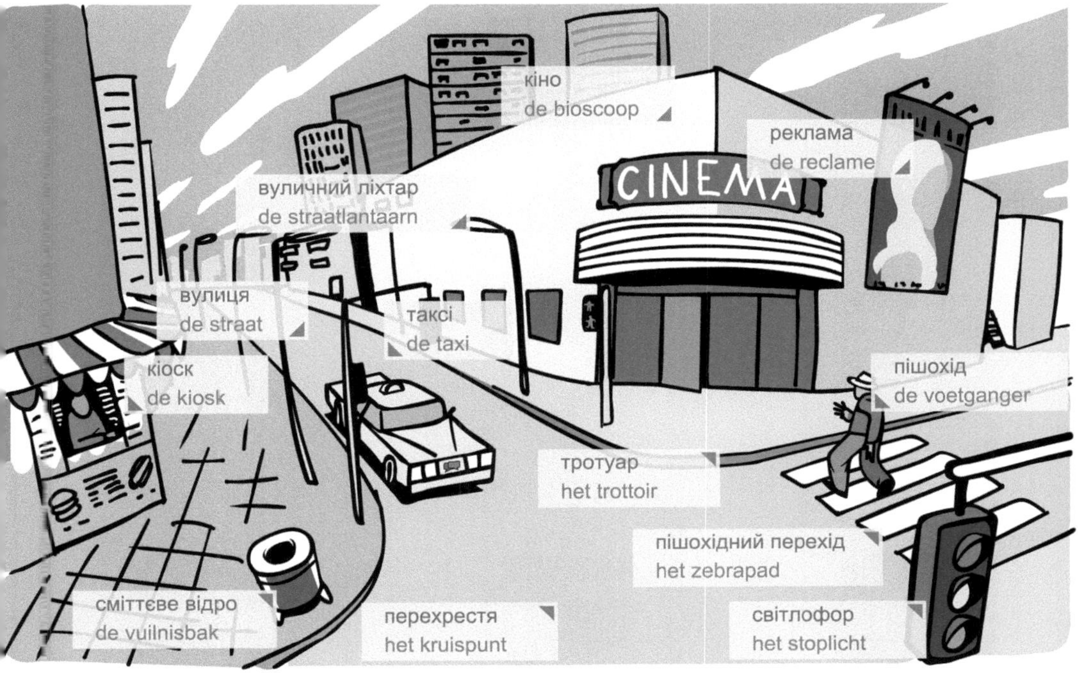

кіно
de bioscoop

реклама
de reclame

вуличний ліхтар
de straatlantaarn

CINEMA

вулиця
de straat

таксі
de taxi

кіоск
de kiosk

пішохід
de voetganger

тротуар
het trottoir

пішохідний перехід
het zebrapad

сміттєве відро
de vuilnisbak

перехрестя
het kruispunt

світлофор
het stoplicht

хатина
....
de hut

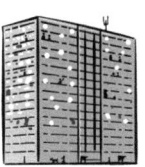

квартира
....
het appartement

вокзал
....
het station

ратуша
....
het stadhuis

музей
....
het museum

школа
....
de school

місто - de stad

університет

de universiteit

банк

de bank

лікарня

het ziekenhuis

готель

het hotel

аптека

de apotheek

офіс

het kantoor

книжковий магазин

de boekenwinkel

магазин

de winkel

квітковий магазин

de bloemenwinkel

супермаркет

de supermarkt

ринок

de markt

універмаг

het warenhuis

торговець рибою

de visboer

торговельний центр

het winkelcentrum

гавань

de haven

парк

het park

лава

de bank

міст

de brug

сходи

de trap

метро

de metro

тунель

de tunnel

автобусна зупинка

de bushalte

бар

de bar

ресторан

het restaurant

поштова скринька

de brievenbus

вулична табличка

het straatnaambord

лічильник паркування

de parkeermeter

зоопарк

de dierentuin

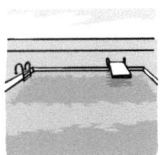

басейн

het zwembad

мечеть

de moskee

ферма
de boerderij

забруднення
навколишнього
середовища
de vervuiling

кладовище
de begraafplaats

церква
de kerk

дитячий майданчик
de speelplaats

храм
de tempel

ландшафт
het landschap

листок
het blad

вказівний стовп
de wegwijzer

шлях
de weg

луг
de weide

камінь
de steen

мандрівник
de wandelaar

дерево
de boom

річка
de rivier

трава
het gras

квітка
de bloem

долина

de vallei

гора

de berg

озеро

het meer

ліс

het bos

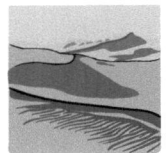

пустеля

de woestijn

вулкан

de vulkaan

замок

het kasteel

веселка

de regenboog

гриб

de paddenstoel

пальма

de palmboom

комар

de mug

муха

de vlieg

мурашка

de mier

бджола

de bij

павук

de spin

жук

de kever

жаба

de kikker

вивірка

de eekhoorn

їжак

de egel

заєць

de haas

сова

de uil

птах

de vogel

лебідь

de zwaan

кабан

het wild zwijn

олень

het hert

лось

de eland

гребля

de stuwdam

вітряк

de windmolen

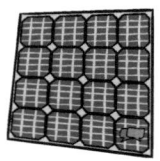

сонячний модуль

het zonnepaneel

клімат

het klimaat

офіціант
de ober

меню
het menu

стілець
de stoel

суп
de soep

піца
de pizza

столові прилади
het bestek

скатертина
het tafelkleed

закуска

het voorgerecht

друга страва

het hoofdgerecht

десерт

het toetje

напої

de dranken

їжа

het eten

пляшка

de fles

фаст-фуд

de/het fastfood

вулична їжа

het eetkraampje

чайник

de theepot

цукорниця

de suikerpot

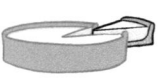

порція

de portie

еспресо-машина

de espressomachine

високий стільчик

de kinderstoel

рахунок

de rekening

піднос

het dienblad

ніж

het mes

вилка

de vork

ложка

de lepel

чайна ложка

de theelepel

серветка

het servet

склянка

het glas

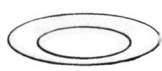

тарілка

het bord

тарілка для супу

het soepbord

блюдце

de schotel

соус

de saus

солонка

het zoutvaatje

млин для перцю

de pepermolen

оцет

de azijn

масло

de olie

спеції

de kruiden

кетчуп

de ketchup

гірчиця

de mosterd

майонез

de mayonaise

супермаркет

de supermarkt

пропозиція
de aanbieding
FOR
клієнт
de klant
молочні продукти
de zuivelproducten
фрукти
het fruit
візок для покупок
de winkelwagen

BUTCHERS

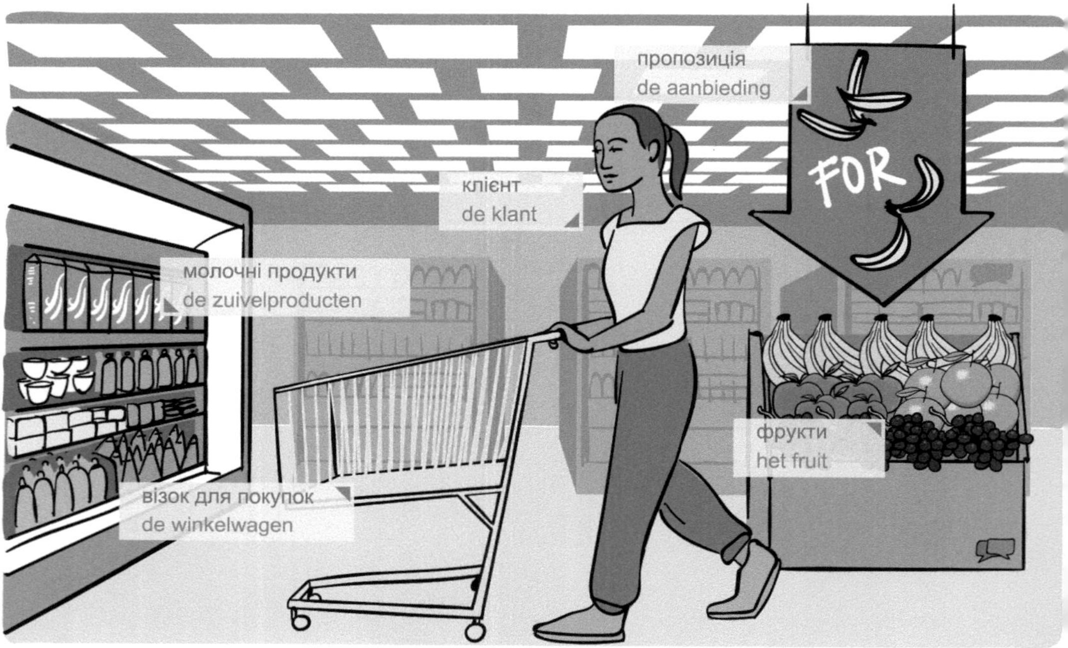

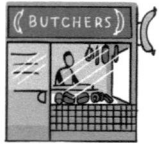

м'ясний магазин

de slager

BAKERY

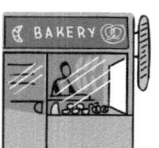

пекарня

de bakkerij

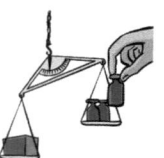

зважувати

wegen

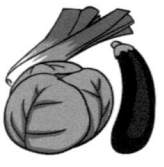

овочі

de groente

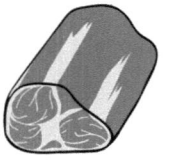

м'ясо

het vlees

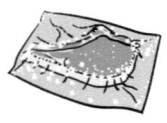

заморожені продукти

de diepvriesproducten

ковбасна нарізка

de vleeswaren

консерви

de conserven

пральний порошок

het wasmiddel

солодощі

het snoepgoed

предмети домашнього побуту

de huishoudelijke artikelen

мийний засіб

het schoonmaakmiddel

продавщиця

de verkoopster

каса

de kassa

касир

de kassier

список покупок

Нet boodschappenlijstje

часи роботи

de openingstijden

гаманець

de portefeuille

кредитна картка

de creditkaart

сумка

de tas

поліетиленовий пакет

de plastic zak

вода

het water

сік

het sap

молоко

de melk

кола

de cola

вино

de wijn

пиво

het bier

алкоголь

de alcohol

какао

de chocolademelk

чай

de thee

кава

de koffie

еспресо

de espresso

капучіно

de cappuccino

банан

de banaan

яблуко

de appel

апельсин

de sinaasappel

кавун

de watermeloen

лимон

de citroen

морква

de wortel

часник

de knoflook

бамбук

de bamboe

цибуля

de ui

гриб

de paddenstoel

горішки

de noten

локшина

de pasta

спагеті

de spaghetti

рис

de rijst

салат

de salade

картопля фрі

de friet

смажена картопля

de gebakken aardappelen

піца

de pizza

гамбургер

de hamburger

бутерброд

de sandwich

шніцель

de schnitzel

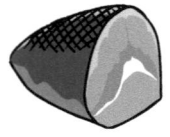

шинка

de ham

салямі

de salami

ковбаса

de worst

курка

de kip

печеня

het gebraad

риба

de vis

вівсяні пластівці

de havermout

мюслі

de muesli

кукурудзяні пластівці

de cornflakes

борошно

het meel

круасан

de croissant

булочка

de broodjes

хліб

het brood

тостовий хліб

de toast

печиво

de koekjes

масло

de boter

сир

de kwark

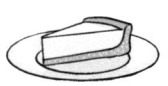

пиріг

de taart

яйце

het ei

яєчня

het gebakken ei

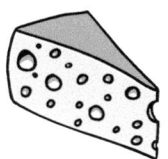

сир

de kaas

морозиво

het ijs

цукор

de suiker

мед

de honing

мармелад

de jam

нуга-крем

de chocoladepasta

карі

de kerrie

ферма
de boerderij

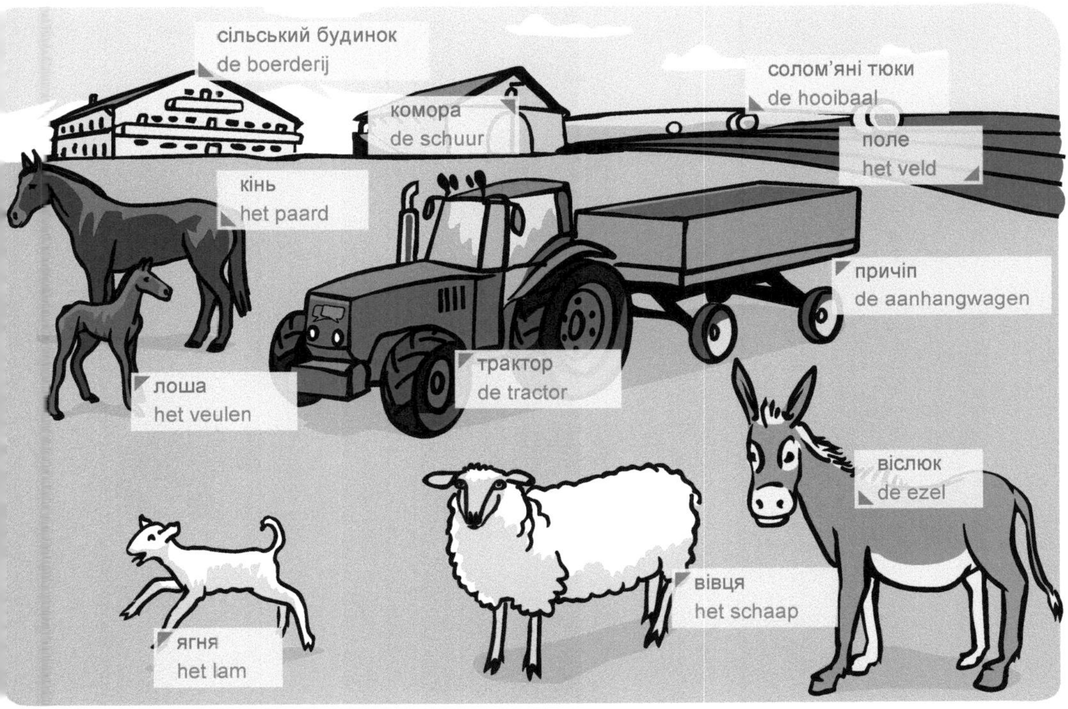
сільський будинок
de boerderij
комора
de schuur
солом'яні тюки
de hooibaal
поле
het veld
кінь
het paard
причіп
de aanhangwagen
лоша
het veulen
трактор
de tractor
віслюк
de ezel
вівця
het schaap
ягня
het lam

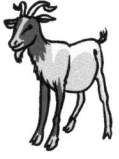

коза

de geit

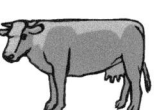

корова

de koe

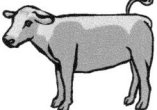

теля

het kalf

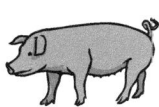

свиня

het varken

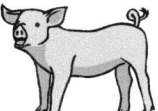

порося

de big

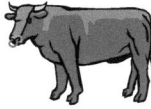

бик

de stier

гусак

de gans

качка

de eend

курча

het kuiken

курка

de kip

півень

de haan

щур

de rat

кіт

de kat

миша

de muis

віл

de os

собака

de hond

собача будка

het hondenhok

садовий шланг

de tuinslang

лійка

de gieter

коса

de zeis

плуг

de ploeg

серп

de sikkel

мотика

de schoffel

вила

de hooivork

сокира

de bijl

тачка

de kruiwagen

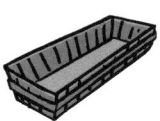

корито

de trog

бідон молока

de melkbus

мішок

de zak

паркан

het hek

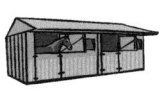

хлів

de stal

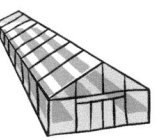

теплиця

de broeikas

ґрунт

de grond

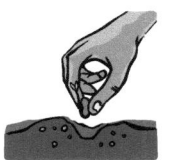

насіння

het zaad

добриво

de mest

комбайн

de maaidorser

пожинати

oogsten

урожай

de oogst

корінь ямсу

de yam

пшениця

de tarwe

соя

de soja

картопля

de aardappel

кукурудза

de maïs

ріпак

het koolzaad

плодове дерево

de fruitboom

маніок

de maniok

злаки

de granen

дім
het huis

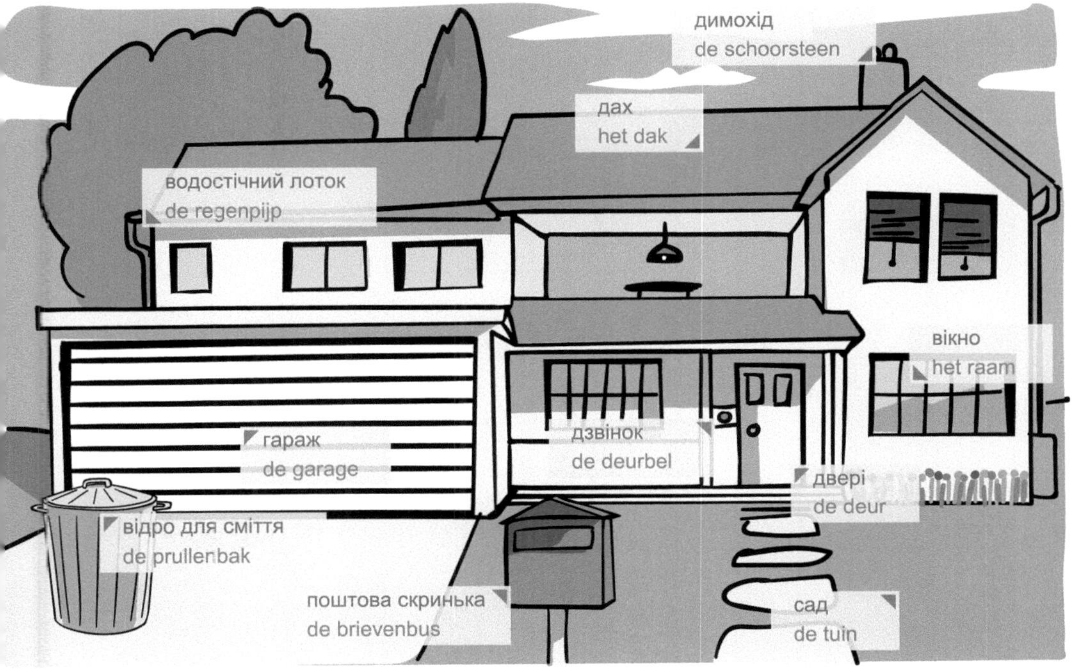

димохід
de schoorsteen
дах
het dak
водостічний лоток
de regenpijp
вікно
het raam
гараж
de garage
дзвінок
de deurbel
двері
de deur
відро для сміття
de prullenbak
поштова скринька
de brievenbus
сад
de tuin

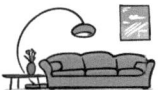

вітальня

de woonkamer

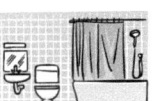

ванна кімната

de badkamer

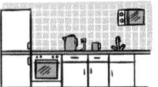

кухня

de keuken

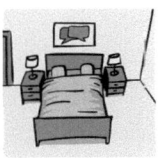

спальня

de slaapkamer

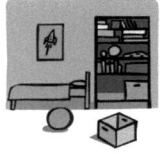

дитяча кімната

de kinderkamer

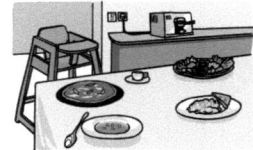

їдальня

de eetkamer

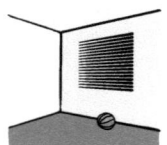

підлога

de vloer

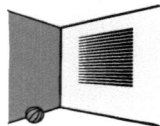

стіна

de muur

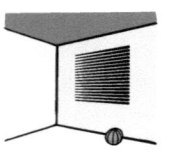

стеля

het plafond

підвал

de kelder

сауна

de sauna

балкон

het balkon

тераса

het terras

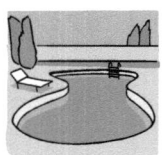

басейн

het zwembad

косарка

de grasmaaier

простирало

het laken

ковдра

de bedsprei

ліжко

het bed

мітла

de bezem

відро

de emmer

перемикач

de schakelaar

вітальня
de woonkamer

шпалери
het behang
малюнок
de foto
лампа
de lamp
поличка
de plank
шафа
de kast
телевізор
de televisie
камін
de open haard
квітка
de bloem
подушка
het kussen
диван
het bankstel
ваза
de vaas
пульт
de afstandsbediening

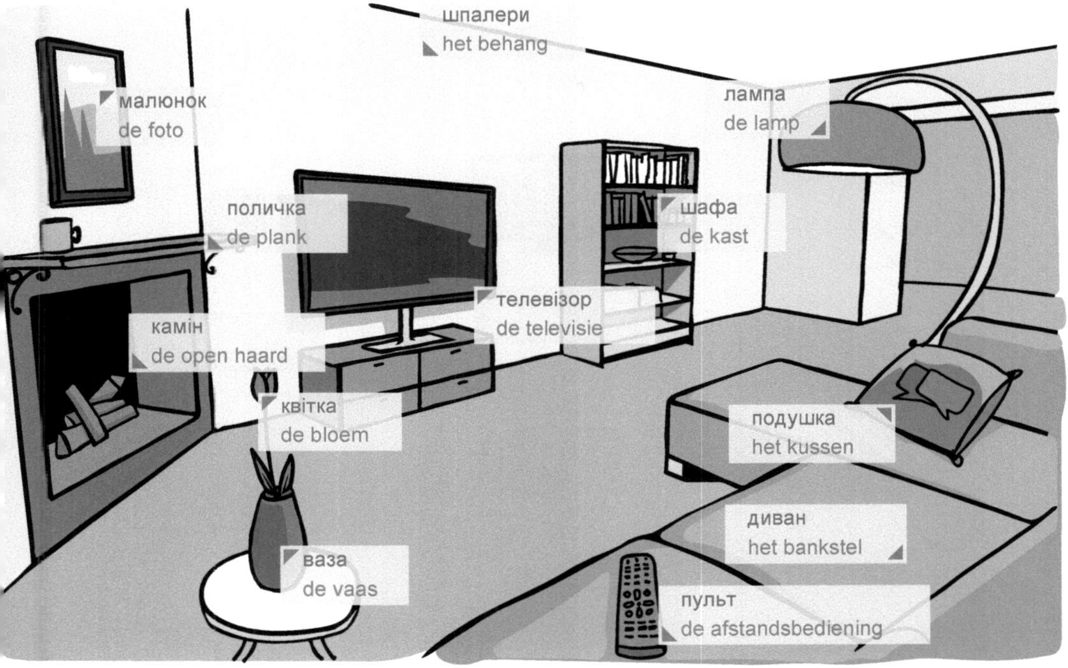

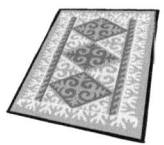

килим

het tapijt

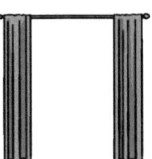

завіса

het gordijn

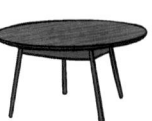

стіл

de tafel

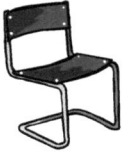

стілець

de stoel

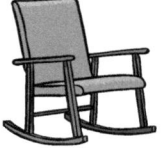

крісло-гойдалка

de schommelstoel

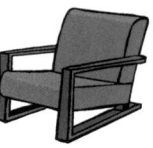

крісло

de stoel

книга

het boek

ковдра

de deken

прикраса

de decoratie

дрова

het brandhout

фільм

de film

стереосистема

de stereo-installatie

ключ

de sleutel

газета

de krant

картина

het schilderij

плакат

de poster

радіо

de radio

блокнот

het kladblok

пилосос

de stofzuiger

кактус

de cactus

свічка

de kaars

кухня
de keuken

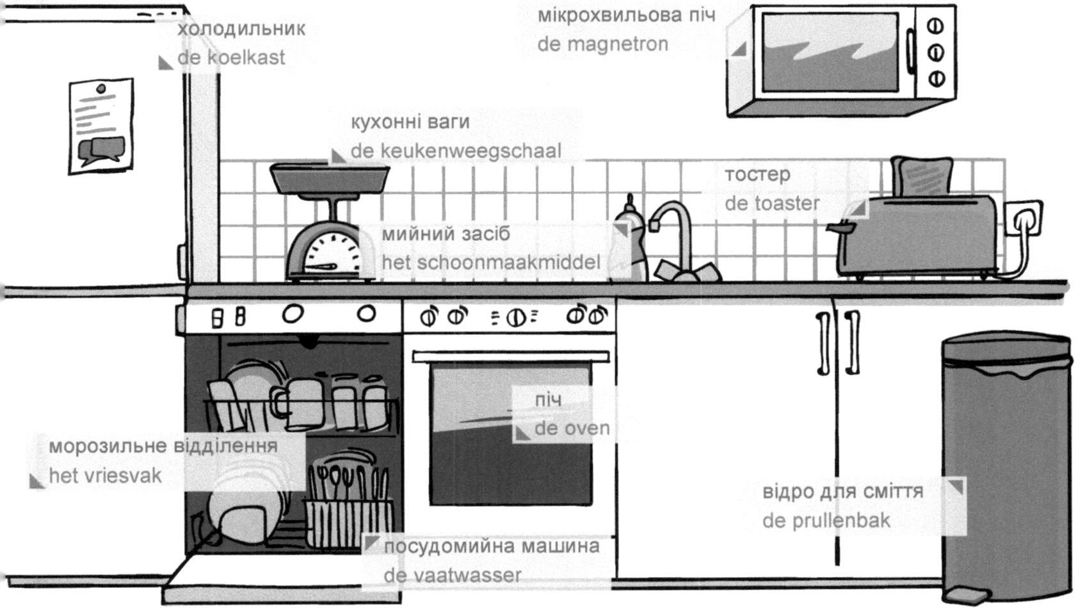
холодильник
de koelkast
мікрохвильова піч
de magnetron
кухонні ваги
de keukenweegschaal
тостер
de toaster
мийний засіб
het schoonmaakmiddel
піч
de oven
морозильне відділення
het vriesvak
відро для сміття
de prullenbak
посудомийна машина
de vaatwasser

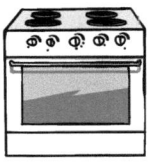

плита

het fornuis

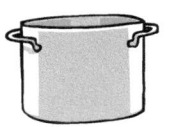

горщик

de pan

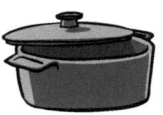

чавунний горщик

de gietijzeren pan

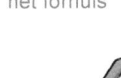

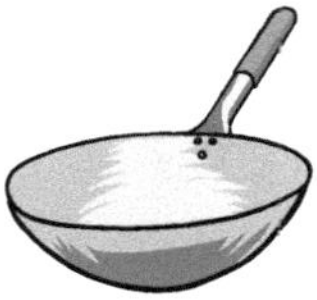

вок / кадай

de wok / kadai

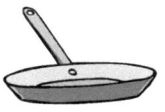

сковорода

de koekenpan

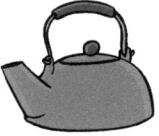

чайник

de ketel

пароварка

de stoomkoker

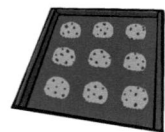

лист

de bakplaat

посуд

het servies

кухоль

de beker

чаша

de kom

палички для їжі

de eetstokjes

черпак

de soeplepel

лопатка

de spatel

вінчик для збивання

de garde

сито

het vergiet

сито

de zeef

терка

de rasp

ступка

de vijzel

барбекю

de barbecue

багаття

de vuurhaard

дошка

de snijplank

качалка

de deegroller

штопор

de kurkentrekker

конзерва

het blik

відкривачка

de blikopener

прихватки

de pannenlap

раковина

de wasbak

щітка

de borstel

губка

de spons

міксер

de blender

морозильна камера

de vriezer

дитяча пляшка

het babyflesje

кран

de kraan

кухня - de keuken

ванна кімната
de badkamer

опалення
de verwarming

душ
de douche

рушник
de handdoek

душова завіса
het douchegordijn

пініста ванна
het bubbelbad

ванна
het bad

склянка
het glas

пральна машина
de wasmachine

кран
de kraan

плитка
de tegels

горшок
het potje

раковина
de wasbak

туалет

het toilet

підлоговий туалет

het hurktoilet

біде

de/het bidet

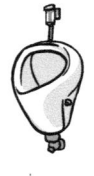

пісуар

het urinoir

туалетний папір

het toiletpapier

щітка для туалету

de toiletborstel

зубна щітка

de tandenborstel

зубна паста

de tandpasta

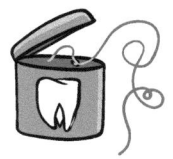

нитка для чищення зубів

het flosdraad

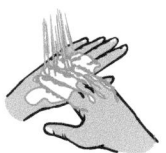

мити

wassen

ручний душ

de handdouche

інтимний душ

de toiletdouche

таз

de waskom

щітка для спини

de rugborstel

мило

de zeep

гель для душу

de douchegel

шампунь

de shampoo

мочалка

het washandje

водостік

de afvoer

крем

de creme

дезодорант

de deodorant

дзеркало

de spiegel

косметичне дзеркало

de make-upspiegel

бритва

het scheermes

піна для гоління

het scheerschuim

лосьйон після гоління

de aftershave

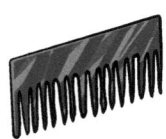

гребінь

de kam

щітка

de borstel

фен

de haardroger

лак для волосся

de haarspray

косметика

de make-up

губна помада

de lippenstift

лак для нігтів

de nagellak

вата

de watten

ножиці для нігтів

het nagelschaartje

парфум

de/het parfum

косметичка

de toilettas

табурет

de kruk

ваги

de weegschaal

халат

de badjas

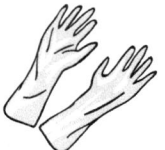

гумові рукавички

de rubber handschoenen

тампон

de tampon

гігієнічні прокладки

het maandverband

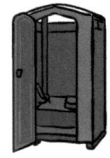

біотуалет

het chemisch toilet

дитяча кімната
de kinderkamer

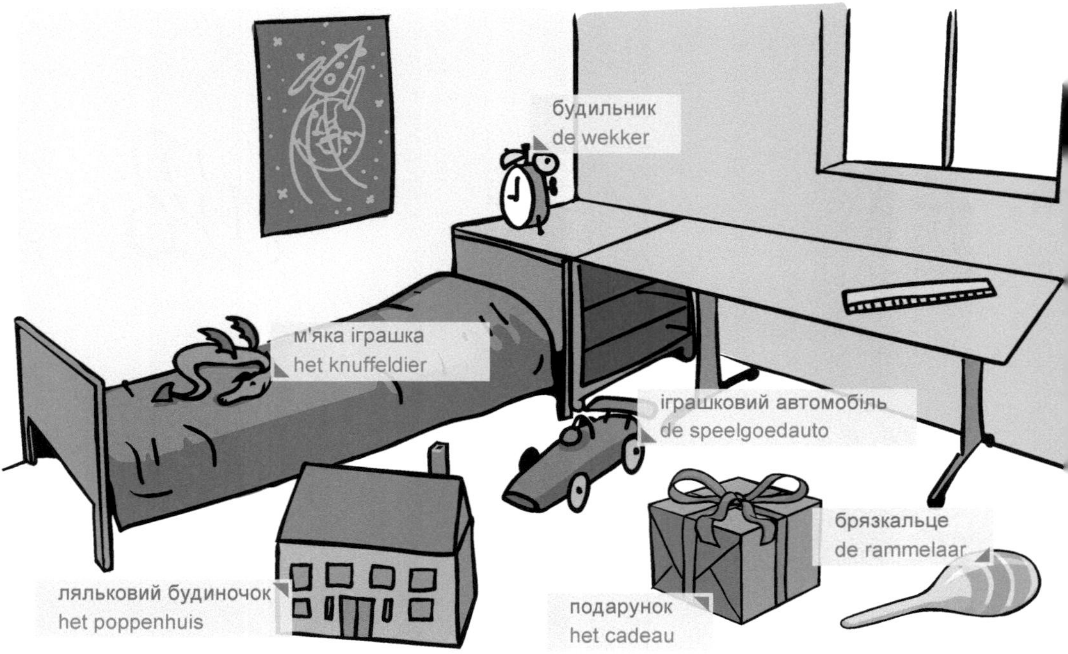
будильник
de wekker
м'яка іграшка
het knuffeldier
іграшковий автомобіль
de speelgoedauto
брязкальце
de rammelaar
ляльковий будиночок
het poppenhuis
подарунок
het cadeau

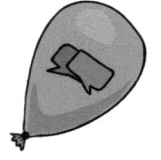

повітряна кулька

de ballon

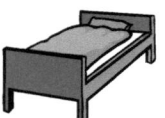

ліжко

het bed

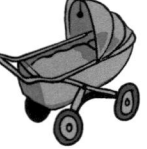

дитячий візок

de kinderwagen

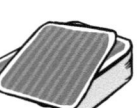

картярська гра

het kaartspel

пазл

de puzzel

SUPER
MEGA

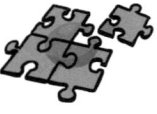

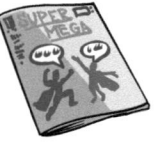

комікс

het stripverhaal

лего цеглинки

de legostenen

блоки

de speelgoedblokken

іграшкова фігурка

het actiefiguurtje

повзунки

de romper

фризбі

de frisbee

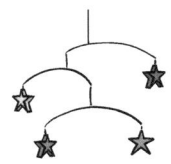

мобіле

de/het mobile

настільна гра

het bordspel

кубик

de dobbelsteen

модель залізнична станція

de modeltrein

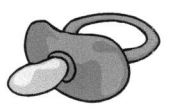

соска

de speen

вечірка

het feestje

книжка з картинками

het prentenboek

м'яч

de bal

лялька

de pop

грати

spelen

пісочниця

de zandbak

гойдалка

de schommel

іграшка

het speelgoed

гральна консоль

de spelcomputer

триколісний велосипед

de driewieler

плюшевий мішка

de teddybeer

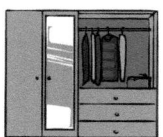

шафа

de kleerkast

одяг

de kleding

шкарпетки

de sokken

панчохи

de kousen

колготки

de panty

шарф
de sjaal

ремінь
de riem

парасоля
de paraplu

футболка
het T-shirt

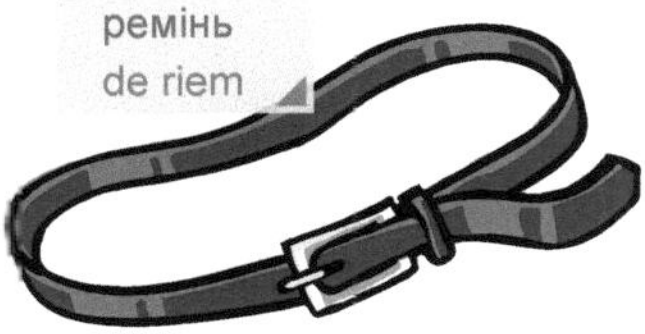

чоботи
de laarzen

домашнє взуття
de pantoffels

кросівки
de sportschoenen

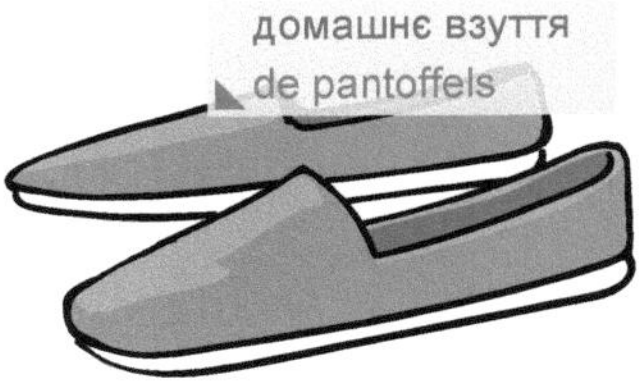

сандалі
de sandalen

взуття
de schoenen

гумові чоботи
de rubberlaarzen

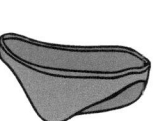
труси
de onderbroek

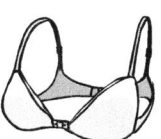
бюстгальтер
de beha

нижня сорочка
het onderhemd

боді
de body

штани
de broek

джинси
de spijkerbroek

спідниця
de rok

блузка
de blouse

сорочка
het overhemd

пуловер
de trui

светр
de hoody

піджак
de blazer

куртка
de jas

пальто
de mantel

дощовик
de regenjas

костюм
het kostuum

сукня
de jurk

весільна сукня
de trouwjurk

костюм

het pak

нічна сорочка

het nachthemd

піжама

de pyjama

сарі

de sari

головна хустка

de hoofddoek

чалма

de tulband

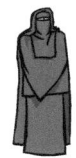

бурка

de boerka

кафтан

de kaftan

абая

de abaja

купальник

het zwempak

плавки

de zwembroek

шорти

de korte broek

тренувальний костюм

het trainingspak

фартух

de/het schort

рукавички

de handschoenen

гудзик

de knoop

окуляри

de bril

браслет

de armband

ланцюг

de ketting

кільце

de ring

сережка

de oorbel

шапка

de pet

плічка

de kledinghanger

капелюх

de hoed

краватка

de stropdas

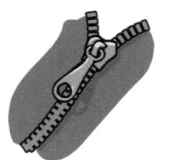

застібка-блискавка

de rits

шолом

de helm

підтяжки

de bretels

шкільна форма

het schooluniform

уніформа

het uniform

нагрудник

het slabbetje

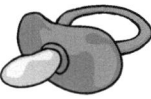

соска

de speen

підгузок

de luier

офіс
het kantoor

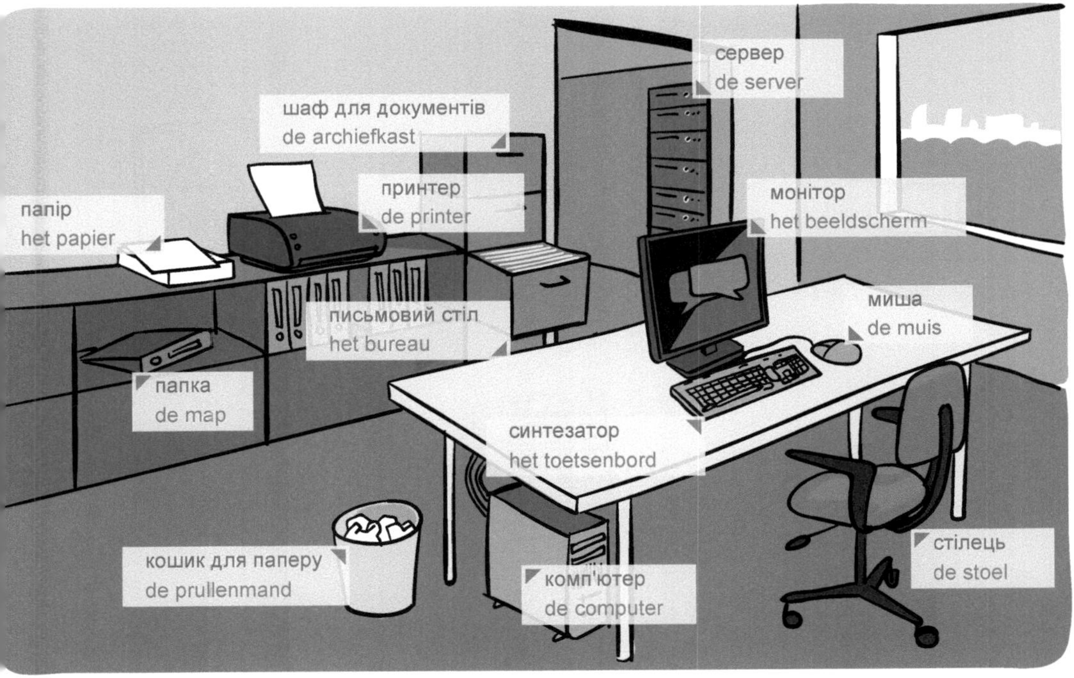

сервер
de server

шаф для документів
de archiefkast

принтер
de printer

монітор
het beeldscherm

папір
het papier

миша
de muis

письмовий стіл
het bureau

папка
de map

синтезатор
het toetsenbord

стілець
de stoel

кошик для паперу
de prullenmand

комп'ютер
de computer

кавовий кухоль

de koffiemok

калькулятор

de rekenmachine

інтернет

het internet

ноутбук

de laptop

лист

de brief

повідомлення

het bericht

мобільний телефон

de mobiele telefoon

мережа

het netwerk

копіювальний пристрій

de kopieermachine

програмне забезпечення

de software

телефон

de telefoon

розетка

het stopcontact

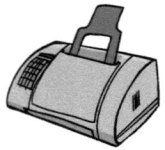

факс

de fax

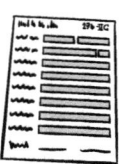

бланк

het formulier

документ

het document

купувати

kopen

платити

betalen

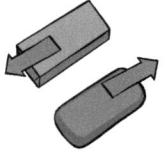

торгувати

handel drijven

гроші

het geld

 **USD**

долар

de dollar

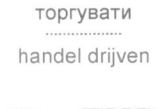 **EUR**

євро

de euro

 **JPY**

ієна

de yen

 **RUB**

рубль

de roebel

 **CHF**

франк

de Zwitserse frank

 **CNY**

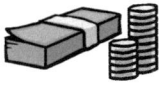

юанів женьміньбі

de renminbi yuan

 **INR**

рупія

de roepie

банкомат

de geldautomaat

обмінний пункт

het wisselkantoor

золото

het goud

срібло

het zilver

нафта

de olie

енергія

de energie

ціна

de prijs

контракт

het contract

податок

de belasting

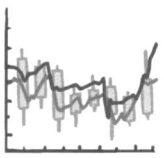

акція

het aandeel

працювати

werken

працівник

de werknemer

роботодавець

de werkgever

фабрика

de fabriek

магазин

de winkel

професії
de beroepen

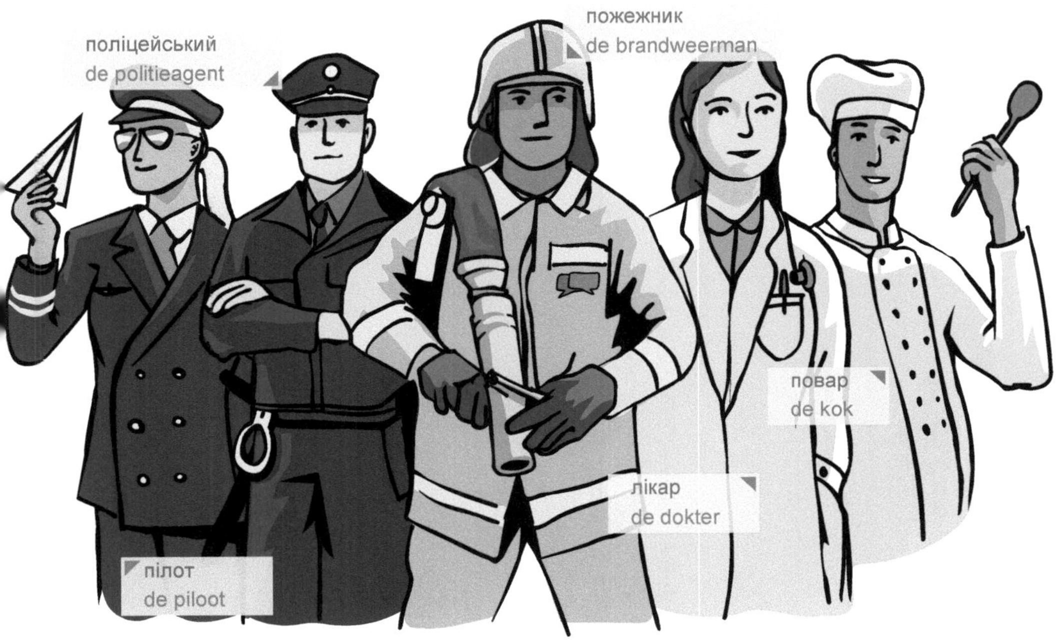
поліцейський
de politieagent
пожежник
de brandweerman
повар
de kok
лікар
de dokter
пілот
de piloot

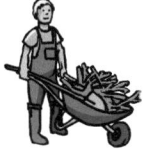

садівник

de tuinman

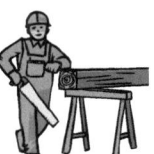

столяр

de timmerman

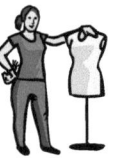

швачка

de naaister

суддя

de rechter

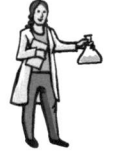

хімік

de scheikundige

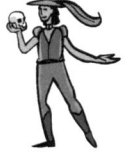

актор

de toneelspeler

водій автобуса

de buschauffeur

таксист

de taxichauffeur

рибалка

de visser

прибиральниця

de schoonmaakster

покрівельник

de dakdekker

офіціант

de ober

мисливець

de jager

художник

de schilder

пекар

de bakker

електрик

de elektricien

будівельник

de bouwvakker

інженер

de ingenieur

забійник

de slager

бляхар

de loodgieter

листоноша

de postbode

солдат

de soldaat

архітектор

de architect

касир

de kassier

флорист

de bloemist

перукар

de kapper

кондуктор

de conducteur

механік

de monteur

капітан

de kapitein

дантист

de tandarts

вчений

de wetenschapper

рабин

de rabbi

імам

de imam

монах

de monnik

пастор

de pastoor

інструменти
het gereedschap

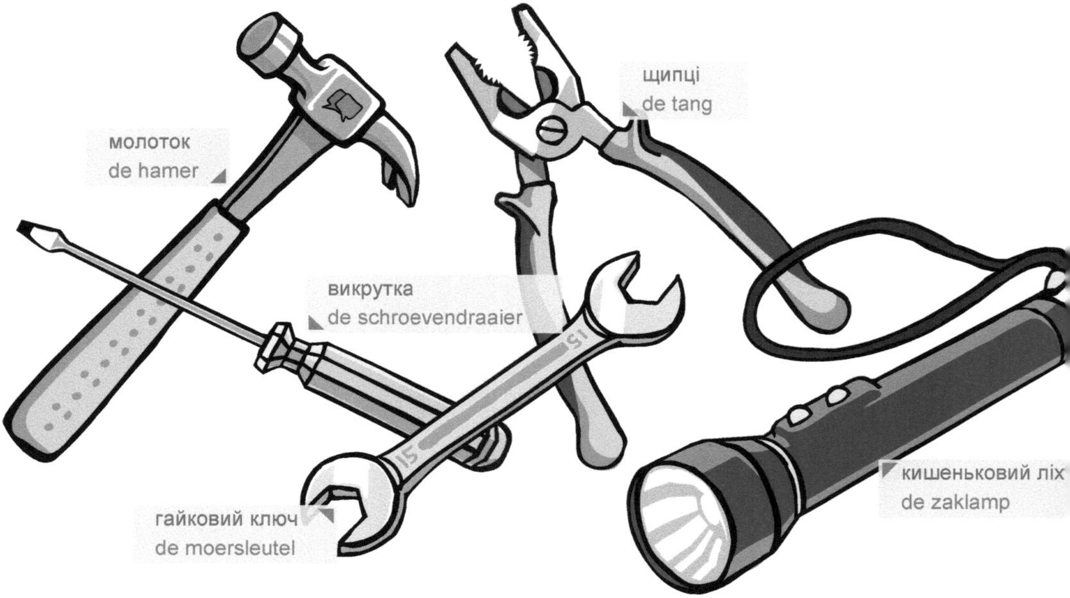

молоток
de hamer
щипці
de tang
викрутка
de schroevendraaier
кишеньковий ліх
de zaklamp
гайковий ключ
de moersleutel

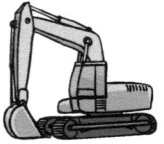

екскаватор

de graafmachine

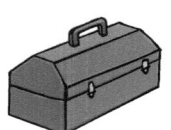

ящик для інструментів

de gereedschapskist

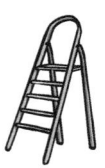

драбина

de ladder

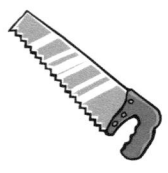

пилка

de zaag

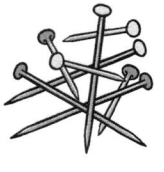

цвяхи

de spijkers

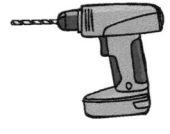

свердло

de boor

ремонтувати

repareren

лопата

de schep

лайно!

Verdorie!

совок

het stofblik

відро з фарбою

de verfpot

гвинти

de schroeven

музичні інструменти
de muziekinstrumenten

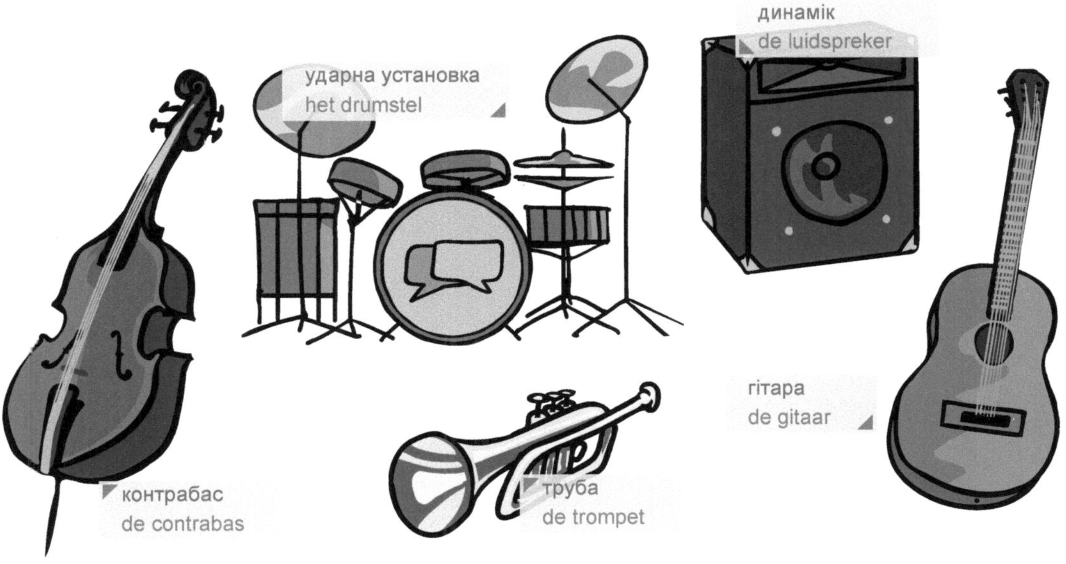

динамік
de luidspreker

ударна установка
het drumstel

гітара
de gitaar

контрабас
de contrabas

труба
de trompet

фортепіано

de piano

скрипка

de viool

бас

de bas

литаври

de pauk

барабан

de trommel

клавіатура

het keyboard

саксофон

de saxofoon

флейта

de fluit

мікрофон

de microfoon

зоопарк
de dierentuin

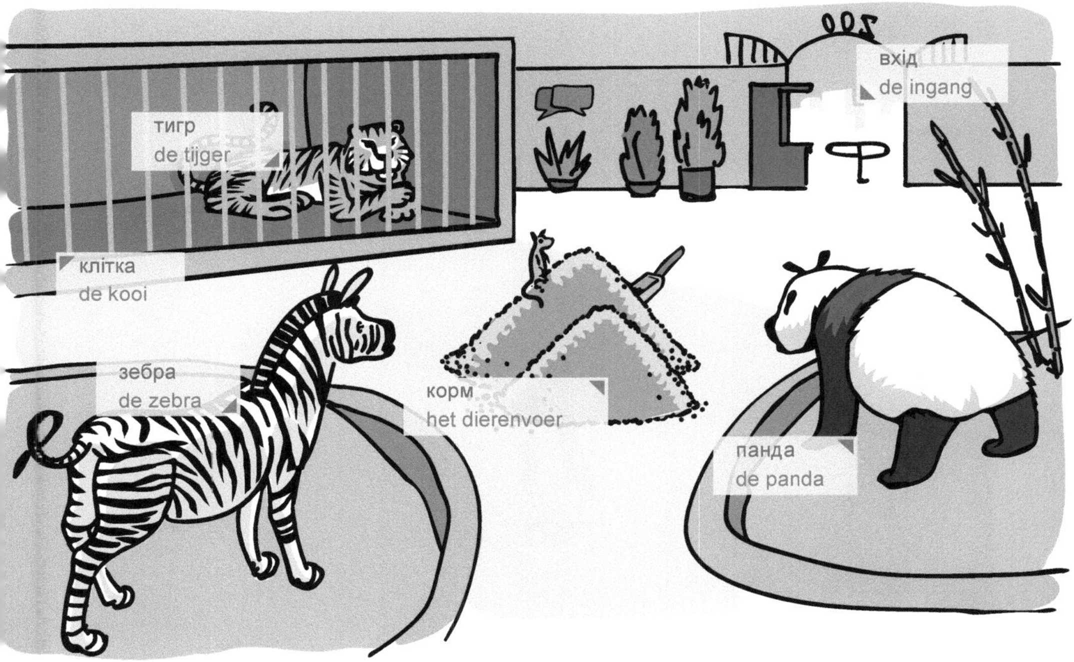

zoo
вхід
de ingang
тигр
de tijger
клітка
de kooi
зебра
de zebra
корм
het dierenvoer
панда
de panda

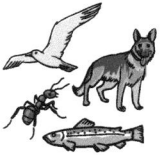

тварини

de dieren

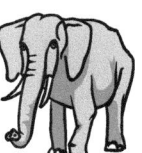

слон

de olifant

кенгуру

de kangoeroe

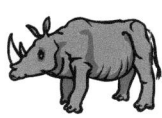

носоріг

de neushoorn

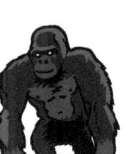

горила

de gorilla

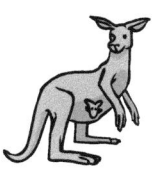

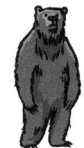

ведмідь

de beer

верблюд

de kameel

страус

de struisvogel

лев

de leeuw

мавпа

de aap

фламінго

de flamingo

папуга

de papegaai

білий ведмідь

de ijsbeer

пінгвін

de pinguïn

акула

de haai

павич

de pauw

змія

de slang

крокодил

de krokodil

працівник зоопарку

de dierenverzorger

тюлень

de zeehond

ягуар

de jaguar

поні

de pony

леопард

de/het luipaard

гіпопотам

het nijlpaard

жираф

de giraffe

орел

de adelaar

кабан

het wild zwijn

риба

de vis

черепаха

de schildpad

морж

de walrus

лисиця

de vos

газель

de gazelle

американський футбол
American football

їзда на велосипеді
wielrennen

теніс
tennis

баскетбол
basketbal

плавання
zwemmen

бокс
boksen

хокей
ijshockey

футбол
voetbal

бадмінтон
badminton

легка атлетика
atletiek

гандбол
handbal

лижні перегони
skiën

поло
polo

стрибати
springen

обіймати
knuffelen

сміятися
lachen

йти
lopen

співати
zingen

мріяти
dromen

молитися
bidden

цілувати
kussen

писати
schrijven

малювати
tekenen

показувати
tonen

тиснути
duwen

давати
geven

брати
oppakken

мати

hebben

робити

doen

бути

zijn

стояти

staan

бігати

rennen

тягнути

trekken

кидати

gooien

падати

vallen

лежати

liggen

очікувати

wachten

носити

dragen

сидіти

zitten

одягати

aankleden

спати

slapen

просипатися

wakker worden

дивитися

bekijken

плакати

huilen

гладити

strelen

розчісувати

kammen

розмовляти

praten

розуміти

begrijpen

питати

vragen

слухати

horen

пити

drinken

їсти

eten

прибирати

opruimen

любити

houden van

варити

koken

їхати

rijden

літати

vliegen

дії - de activiteiten

йти під вітрилом

zeilen

рахувати

rekenen

читати

lezen

вчитися

leren

працювати

werken

одружуватися

trouwen

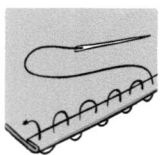

шити

naaien

чистити зуби

tandenpoetsen

убивати

doden

курити

roken

посилати

verzenden

сім'я
de familie

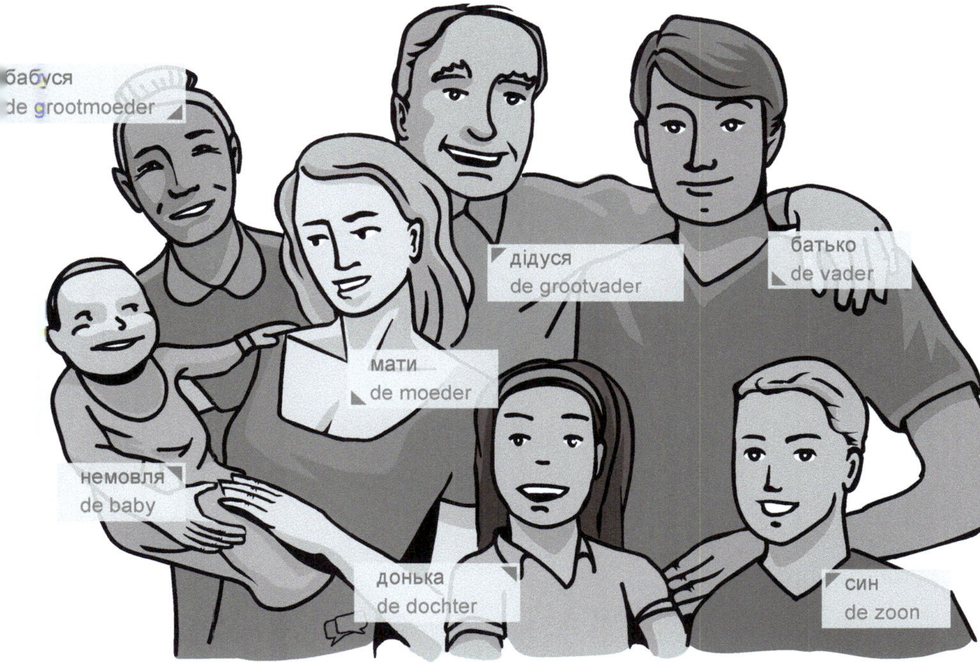
бабуся
de grootmoeder
дідуся
de grootvader
батько
de vader
мати
de moeder
немовля
de baby
донька
de dochter
син
de zoon

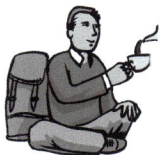

гість

de gast

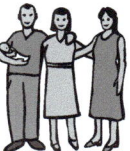

тітка

de tante

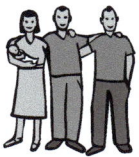

дядько

de oom

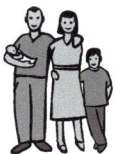

брат

de broer

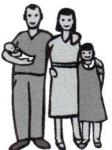

сестра

de zus

тіло

het lichaam

чоло
het voorhoofd
око
het oog
плече
de schouder
палець
de vinger
обличчя
het gezicht
підборіддя
de kin
кисть
de hand
нога
het been
груди
de borst
рука
de arm

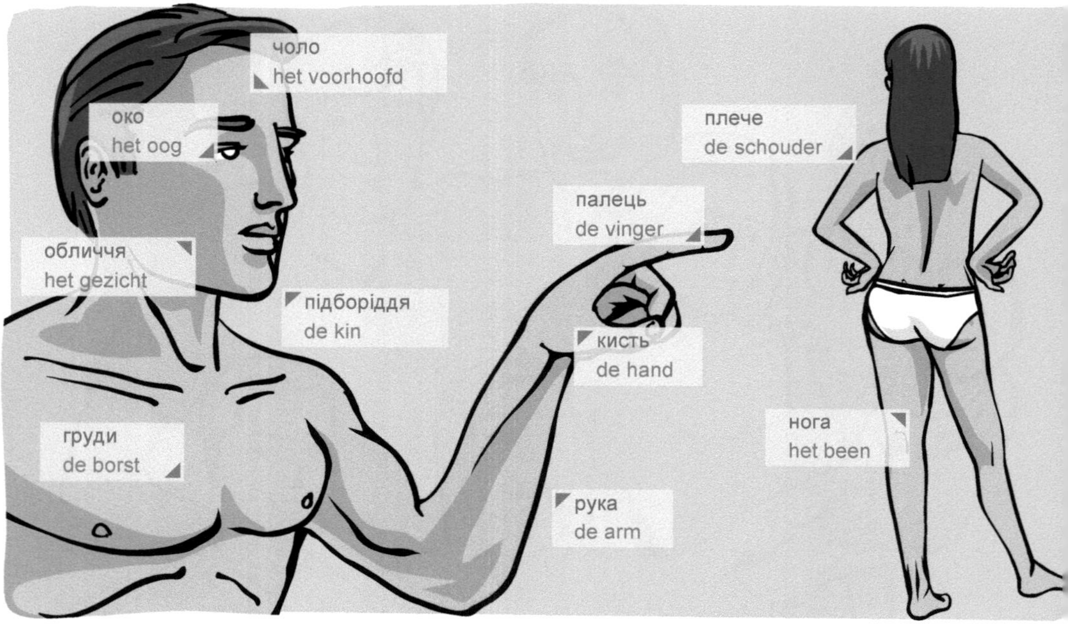

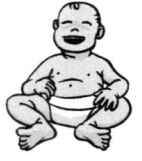

немовля

de baby

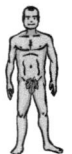

чоловік

de man

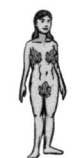

жінка

de vrouw

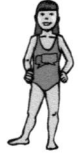

дівчина

het meisje

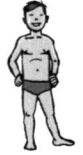

хлопчик

de jongen

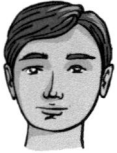

голова

het hoofd

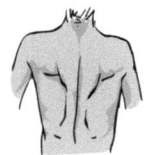

спина

de rug

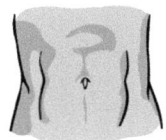

живіт

de buik

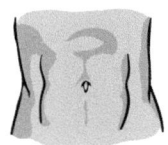

пуп

de navel

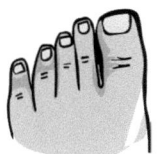

палець ноги

de teen

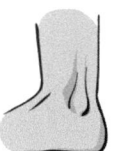

п'ята

de hiel

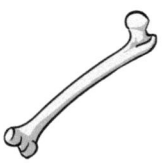

кістка

het bot

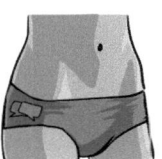

стегно

de heup

коліно

de knie

лікоть

de elleboog

ніс

de neus

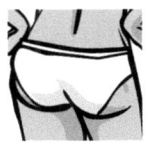

сідниці

het achterwerk

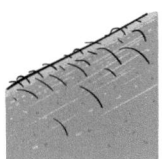

шкіра

de huid

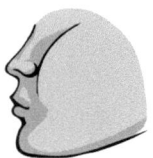

щока

de wang

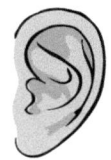

вухо

het oor

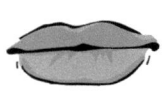

губа

de lippen

рот

de mond

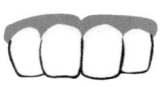

зуб

de tand

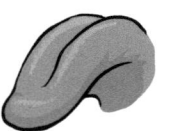

язик

de tong

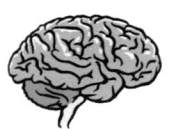

мозок

de hersenen

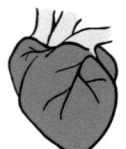

серце

het hart

м'яз

de spier

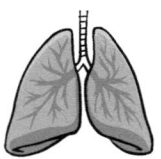

легені

de long

печінка

de lever

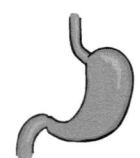

шлунок

de maag

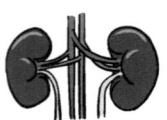

нирки

de nieren

статевий акт

de geslachtsgemeenschap

презерватив

het condoom

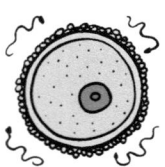

яйцеклітина

de eicel

сперма

het sperma

вагітність

de zwangerschap

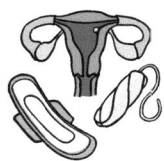

менструація
de menstruatie

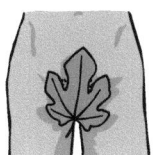

вагіна
de vagina

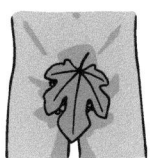

пеніс
de penis

брова
de wenkbrauw

волосся
het haar

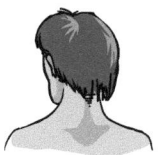

шия
de hals

лікарня
het ziekenhuis

лікарня
het ziekenhuis

машина швидкої допомоги
de ambulance

інвалідний візок
de rolstoel

перелом
de fractuur

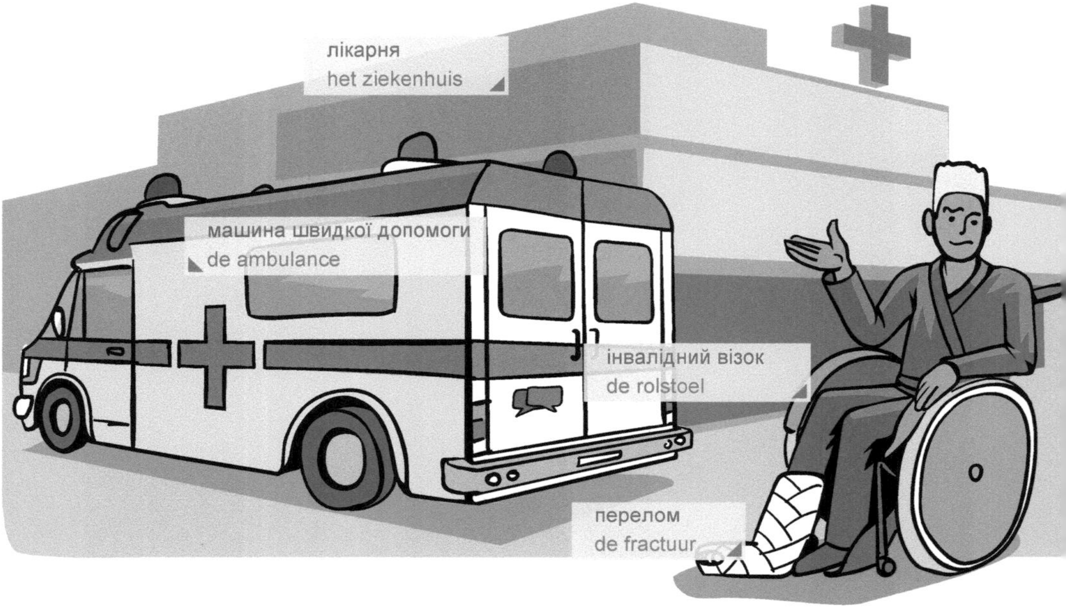

лікар

de dokter

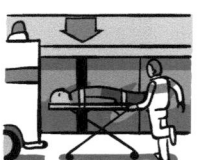

відділення швидкої
медичної допомоги

de EHBO

медсестра

de verpleegster

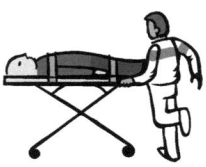

аварійний випадок

het noodgeval

непритомний

bewusteloos

біль

de pijn

травма

de verwonding

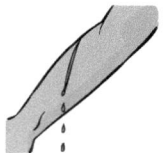

кровотеча

de bloeding

інфаркт

de hartaanval

інсульт

de beroerte

алергія

de allergie

кашель

de hoest

лихоманка

de koorts

грип

de griep

пронос

de diarree

головна біль

de hoofdpijn

рак

de kanker

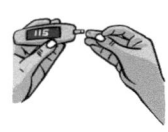

діабет

de diabetes

хірург

de chirurg

скальпель

het scalpel

операція

de operatie

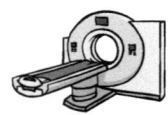

КТ

de CT

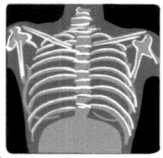

рентген

de röntgen

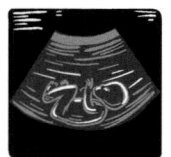

ультразвук

de echografie

маска

het gezichtsmasker

хвороба

de ziekte

зал очікування

de wachtkamer

милиця

de kruk

пластир

de pleister

пов'язка

het verband

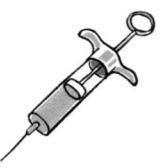

ін'єкція

de injectie

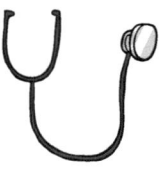

стетоскоп

de stethoscoop

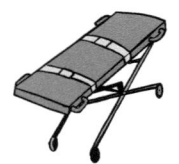

ноші

de brancard

термометр

de thermometer

народження

de geboorte

надмірна вага

het overgewicht

слуховий апарат

het gehoorapparaat

дезінфікуючий засіб

het ontsmettingsmiddel

інфекція

de infectie

вірус

het virus

ВІЛ / СНІД

(de) HIV / AIDS

медицина

het medicijn

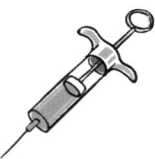

вакцинація

de inenting

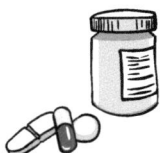

таблетки

de tabletten

протизаплідна пігулка

de pil

екстрений виклик

het alarmnummer

тонометр

de bloeddrukmeter

хворий / здоровий

ziek / gezond

Допоможіть!

Help!

напад

de overval

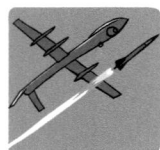

атака

de aanval

небезпека

het gevaar

аварійний вихід

de nooduitgang

Вогонь!

Brand!

вогнегасник

de brandblusser

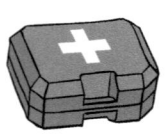

сигнал тривоги

het alarm

аварія

het ongeluk

аптечка

de EHBO-koffer

СОС

SOS

поліція

de politie

Європа

Europa

Північна Америка

Noord-Amerika

Південна Америка

Zuid-Amerika

Африка

Afrika

Азія

Azië

Австралія

Australië

Атлантика

de Atlantische Oceaan

Тихий океан

de Stille Oceaan

Індійський океан

de Indische Oceaan

Антарктичний океан

de Zuidelijke Oceaan

Північний Льодовитий океан

de Noordelijke IJszee

Північний полюс

de Noordpool

Південний полюс

de Zuidpool

Антарктика

Antarctica

Земля

de aarde

суша

het land

море

de zee

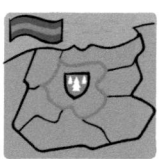

острів

het eiland

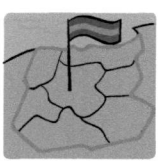

нація

de natie

держава

de staat

циферблат

de wijzerplaat

годинникова стрілка

de uurwijzer

хвилинна стрілка

de minutenwijzer

секундна стрілка

de secondewijzer

Котра година?

Hoe laat is het?

день

de dag

час

de tijd

зараз

nu

цифровий годинник

het digitaal horloge

хвилина

de minuut

година

het uur

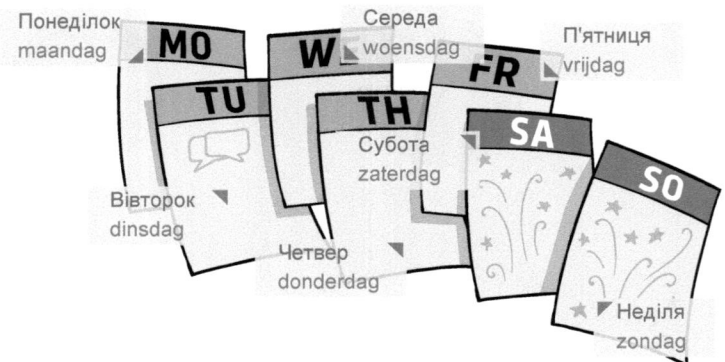

Понеділок maandag
Середа woensdag
П'ятниця vrijdag
Вівторок dinsdag
Субота zaterdag
Четвер donderdag
Неділя zondag

вчора

gisteren

сьогодні

vandaag

завтра

morgen

ранок

de ochtend

опівдні

de middag

вечір

de avond

робочі дні

de werkdagen

кінець робочого тижня

het weekend

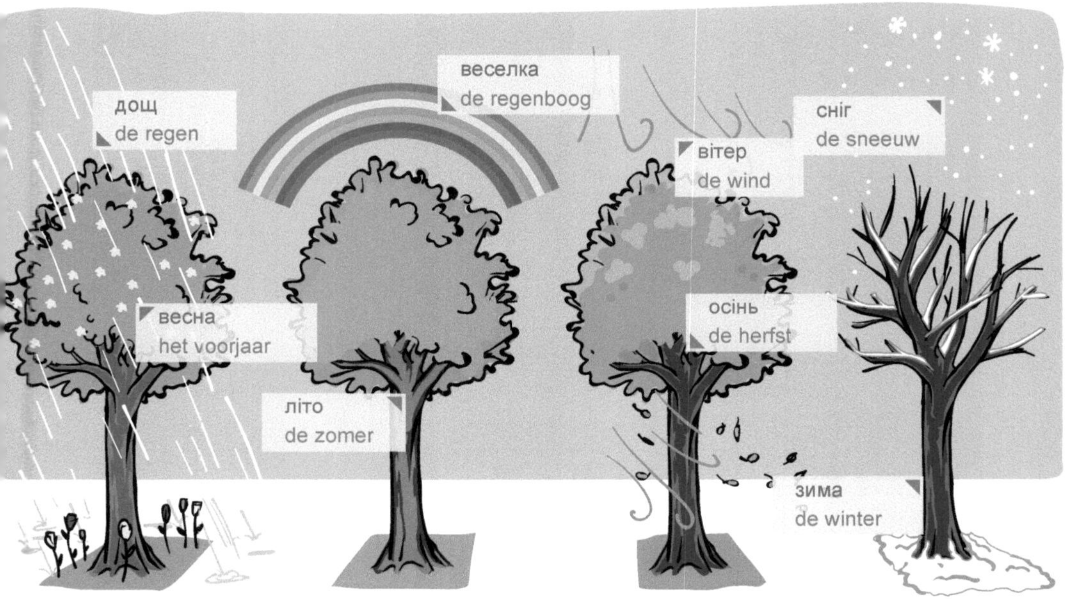

дощ
de regen
веселка
de regenboog
сніг
de sneeuw
вітер
de wind
весна
het voorjaar
осінь
de herfst
літо
de zomer
зима
de winter

4.APRIL 11°
5.APRIL 4°
6.APRIL 13°
7.APRIL 8°
8.APRIL 10°

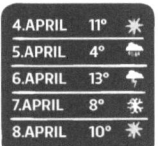

прогноз погоди

het weerbericht

F C
120 40
90 30
60 20
30 10
0 0
-30 -10
-20

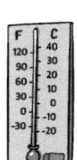

термометр

de thermometer

сонячне світло

de zonneschijn

хмара

de wolk

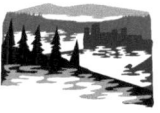

туман

de mist

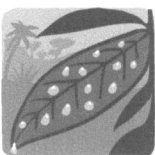

вологість повітря

de luchtvochtigheid

блискавка

de bliksem

грім

de donder

шторм

de storm

град

de hagel

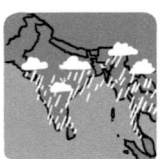

мусон

de moesson

повінь

de overstroming

лід

het ijs

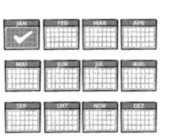

Січень

januari

Лютий

februari

Березень

maart

Квітень

april

Травень

mei

Червень

juni

Липень

juli

Серпень

augustus

Вересень

september

Жовтень

oktober

Листопад

november

Грудень

december

круг

de cirkel

квадрат

het vierkant

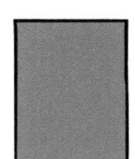

прямокутник

de rechthoek

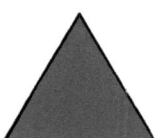

трикутник

de driehoek

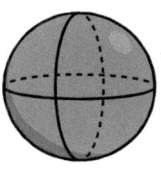

куля

de bol

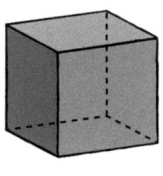

куб

de kubus

фарби
de kleuren

білий

wit

жовтий

geel

помаранчевий

oranje

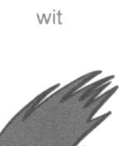

рожевий

roze

червоний

rood

фіолетовий

paars

синій

blauw

зелений

groen

коричневий

bruin

сірий

grijs

чорний

zwart

багато / мало

veel / weinig

лютий / мирний

boos / rustig

гарний / бридкий

mooi / lelijk

початок / кінець

begin / einde

великий / малий

groot / klein

світлий / темний

licht / donker

брат / сестра

broer / zus

чистий / брудний

schoon / vies

завершений /
незавершений
volledig / onvolledig

день / ніч

dag/ nacht

мертвий / живий

dood / levend

широкий / вузький

breed / smal

їстівний / неїстівний

eetbaar / oneetbaar

злий / дружній

gemeen / aardig

збуджений / нудьгуючий

opgewonden / verveeld

товстий / тонкий

dik / dun

спочатку / востаннє

eerste / laatste

друг / ворог

vriend / vijand

повний / порожній

vol / leeg

жорсткий / м'який

hard / zacht

важкий / легкий

zwaar / licht

голод / спрага

honger / dorst

хворий / здоровий

ziek / gezond

незаконний / законний

illegaal / legaal

розумний / дурний

intelligent / dom

вліво / вправо

links / rechts

поруч / далеко

dichtbij / ver

новий / використаний

nieuw / gebruikt

нічого / щось

niets / iets

старий / молодий

oud / jong

вкл / викл

aan / uit

відкрито / закрито

open / gesloten

тихо / гучно

zacht / luid

багатий / бідний

rijk / arm

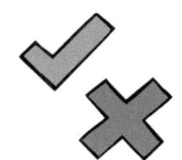

правильно / неправильно

goed / fout

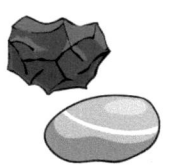

шорсткий / гладкий

ruw / glad

сумний / щасливий

verdrietig / gelukkig

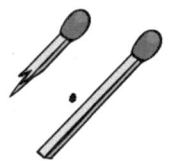

короткий / довгий

kort / lang

повільно / швидко

langzaam / snel

вологий / сухий

nat / droog

гарячий / холодний

warm / koel

війна / мир

oorlog / vrede

0

нуль

nul

1

один

één

2

два

twee

3

три

drie

4

чотири

vier

5

п'ять

vijf

6

шість

zes

7

сім

zeven

8

вісім

acht

9

дев'ять

negen

10

десять

tien

11

одинадцять

elf

12

дванадцять

twaalf

13

тринадцять

dertien

14

чотирнадцять

veertien

15

п'ятнадцять

vijftien

16

шістнадцять

zestien

17

сімнадцять

zeventien

18

вісімнадцять

achttien

19

дев'ятнадцять

negentien

20

двадцять

twintig

100

сто

honderd

1.000

тисяча

duizend

1.000.000

мільйон

miljoen

англійська

Engels

американська англійська

Amerikaans Engels

китайська
високочиновницька

Chinees Mandarijn

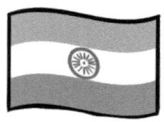

хінді

Hindi

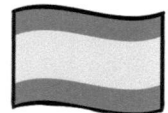

іспанська

Spaans

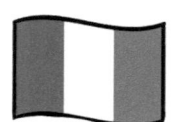

французька

Frans

арабська

Arabisch

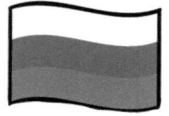

російська

Russisch

португальська

Portugees

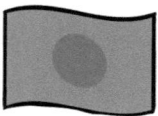

бенгальська

Bengalees

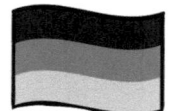

німецька

Duits

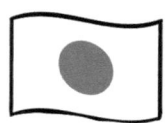

японська

Japans

я

ik

ти

jij

він / вона / воно

hij / zij / het

ми

wij

ви

jullie

вони

zij

хто?

wie?

що?

wat?

як?

hoe?

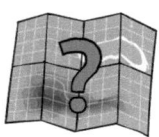

де?

waar?

коли?

wanneer?

ім'я

de naam

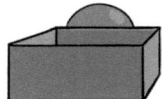

ззаду

achter

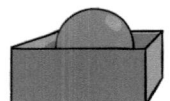

в

in

перед

voor

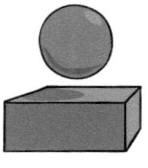

над

boven

на

op

під

onder

біля

naast

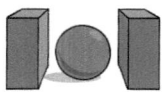

між

tussen

місце

plaats